Lo flamenco

MANUEL CHAVES NOGALES

Lo flamenco

ALMUZARA

Editorial Almuzara • Colección Andalucía
Edición al cuidado de Rosa García Perea

www.editorialalmuzara.com
pedidos@almuzaralibros.com   info@almuzaralibros.com

Editorial Almuzara
Parque Logístico de Córdoba. Ctra. Palma del Río, km 4
C/8, Nave L2, n.º 3. 14005 — Córdoba

Imprime: Gráficas La Paz
ISBN: 978-84-10529-81-6
Depósito legal: CO-16-2026
Hecho e impreso en España — *Made and printed in Spain*

Imágenes procedentes de los fondos de la Biblioteca Nacional de España

Índice

NOTA DEL EDITOR

En Almuzara estamos orgullosos de editar este pequeño libro de textos sobre el flamenco de Manuel Chaves Nogales. No es un tratado musicológico ni una antología, sino una muestra que nos abre la puerta a una faceta menos explorada —pero no menos importante— de su pensamiento y sensibilidad: su vinculación con el flamenco no solo como arte, sino como contexto social, cultural y sentimental de la Andalucía que habitó y pensó.

Estos artículos, redactados en momentos y lugares diferentes, muestran la mirada no del experto ni del aficionado, sino del periodista preocupado por la manera en que una sociedad llega a manifestarse. Chaves Nogales se acerca al cante jondo no como folclore, sino como expresión de dolor, memoria y alma andaluzas. En *La ciudad*, lo identifica con «la profundidad de nuestra alma desconocida» y lo asocia a símbolos tan fuertes como la cárcel, la pasión, la madre o el hospital. En ellas se percibe una intuición profunda de lo que el flamenco es más allá del escenario: una reserva emocional y simbólica que continúa pulsando cuando todo lo demás se ha agotado.

Pero Chaves Nogales no idealiza. Su mirada es inteligente, escrutadora. Denuncia la banalización del flamenco por parte de quienes lo han reducido a folclore de postal y reivindica a los artistas —incomprendidos, ridiculizados— que lo han mantenido vivo con conmovedora honestidad. En el cante jondo, el cante grande, el cante: «cantadores feos y fuera de moda» que, sin embargo, mantuvieron viva una tradición artística del corazón de nuestro país.

De interés son también los textos en que lo flamenco se escribe desde el destierro. En *Los flamencos en París*, el maestro Juan Martínez —bailarín clásico emigrado y nostálgico— relata cómo en Francia aún se aprecia y respeta el flamenco y cómo en España ha caído en el olvido. El contraste es doloroso, pero muy humano. Como también lo es el que tiene que probar su proletarismo en una estación rusa enseñando los callos de sus manos labradas por años de castañuelas.

Este paseo por lo flamenco, tan rico y tan variado, acaba por dibujar el retrato de alguien que no deja de sorprendernos. Porque Chaves Nogales no solo fue un cronista de su época, sino un observador perspicaz de la naturaleza humana. Con esta aproximación al flamenco, a *lo flamenco*, queda al descubierto otra faceta de su personalidad: la del hombre atento a la voz popular, al sentimiento colectivo, a la belleza surgida del dolor.

Este pequeño libro no pretende agotar el tema, sino abrir una puerta.

Animamos al lector a recorrerla con la misma curiosidad y respeto con que Chaves Nogales se acercó al cante jondo, al baile, a las fiestas populares, a las gentes sin nombre que supieron narrar con su arte lo que no siempre puede expresarse de otra manera.

A Manolo Chaves Nogales
ANGELDELAFUENTE
1927

EL CANTE JONDO

Hay graves gentes que menosprecian nuestro cante hondo; gentes meditativas que lo execran y le regatean toda significación espiritual al mismo tiempo que la exaltan en la primera bagatela popular que se les viene a las manos. También la españolada ha conspirado contra nuestro cante hondo; los literatos lo han desmenuzado inútilmente, los músicos lo han hecho fracasar en el pentagrama, y los saineteros lo han puesto en ridículo. Afortunadamente, el cante hondo no tiene hoy más adversarios formales que algún que otro catalán anterior a la Mancomunidad, algún genio bestialmente genial, y unas docenas de catedráticos reformistas.

Pese a todos ellos, el cante hondo sigue siendo la expresión fiel del dolor de Andalucía, y sigue adueñado del alma de Sevilla, que ha de cantar hondamente —por lo jondo— cuando quiere sentirse a sí misma. La más serio que hemos leído sobre interpretaciones de nuestro canto popular, son estas palabras de José Nogales, al referirse a la tragedia de Andalucía:

> La muerte es sentida, cantada, asoma a través de cada emoción, pero siempre, como una aberración indesechable, como absurdo misterio superior a la reflexión, más allá del pensamiento; se la puede sentir y se la siente con intensidad que en ninguna parte del mundo. La muerte olvidada, escondida, ahuyentada a toda hora del pensamiento, clava su garra en el corazón y hace gemir. El pensamiento, la meditación, ahuyentarían esos terrores pánicos que vierten nuestros can-

tadores de flamenco. Ésta es la tragedia de Andalucía que nosotros
vemos; ausencia de reflexión; cuanto
no se ha reflexionado en un año, se
siente como tragedia en una hora.

He aquí algo definitivo sobre el cante
hondo; algo que, tal vez, pueda recon-
ciliarlo con los que no han podido sentirlo y quieran pensar en él.

Pensad que ese cante hondo, esa hondura, es el fondo de nuestra alma inex-
plorada, que sube a los labios en las
grandes conmociones del espíritu. Es un
dolor de pueblos bárbaros quizá, verdadero terror primitivo, con sus atributos
fuertemente simbolistas. El hospital, la
cárcel, la puñalada, la horca, la pasión,
Jesús del Gran Poder, los ojos negros, la
miseria, la madre. ¡Admirables símbolos! ¡Representaciones grandiosas! ¡Si
hay algo fundamental en España, algo
joven, es este dolor de Andalucía, no
reflexionado, que se desborda en nuestro cante hondo!

Cuando nos crean definitivamente
agotados, aún habrá en nosotros una

formidable reserva emotiva, un caudal inexplorado de energía; la energía primitiva, simbolista, inculta, que tiene hoy por expresión el cante hondo. Buscad en otras almas, lo habrán quemado todo a la civilización, y su vida interior será tan externa y tan pobre como su vida de relación. Entonces, las pasiones violentas de nuestro cante hondo y pueril serán la energía que moverá los nuevos nervios de la raza.

De lo flamenco no perdurará más que el cante hondo, porque es, ante todo y sobre todo, el cante popular de Andalucía. Se ha pretendido diferenciar la música andaluza de la música andaluza flamenca. A no ser por razones exclusivamente técnicas, no creemos sea posible tal diferenciación; pese o no a los eruditos, el actual pueblo andaluz canta siempre en flamenco, y aparte de estos temas hogareños, pueriles o impopulares, los coros de las niñas que juegan en las plazas, la nana de las madres, la seguidilla, la arcaica saeta y algunas expresiones universales, todo el cante andaluz es flamenco, aunque su flamenquismo sea reciente. No por reciente deja de serle consustancial, ya que lo puramente andaluz, o no ha existido al modo que le atribuyen sus exhumadores, o llevaba originalmente el germen de la flamenquería.

Ahora bien, pasará el flamenquismo, desaparecerán sus actuales manifestaciones coreográficas, políticas y sociales —que también las tiene—; pero subsistirán lo que ahora se llama cante flamenco, como cante genuinamente andaluz, tesoro inapreciable de la emotividad de nuestro pueblo.

Fía el arraigo de este cante, en el hecho de que haya sido reconocida la hondura de esa manera de cantar y se le haya buscado un abolengo en Oriente, origen emparentándolo por su escala tritona, de la música con el carácter de la música rusa. Pero previamente hemos admitido la limitación que se ha dado a lo típico, Es otro exactamente todos y al reconocer que lo más hondo y fundamental en un pueblo se da exactamente en todos, dejan de interesar crítico se busca dejan de interesarnos esas afinidades y recuerdos exóticos que los críticos se afanan en buscar, bastándonos saber que el cante hondo responde a una manifestación universal del sentimiento de los pueblos, para que lo consideremos como cosa fundamental en Andalucía, y sepamos verlo limpio de su actual significación flamenquista, que, por cierto, no le ha perjudicado.

El cante flamenco no es Sevilla; el cante flamenco es el cante de Levante, el cante tirao de las minas, el cantar de la campiña jerezana, el de la serranía de Córdoba, el cante penitenciario del Puerto de Santa María, la malagueña, la seguidilla, el cante triunfal y cristiano de los puertos, el fandanguillo de los alosneros, las bulerías gitanas, el cante personal de cada uno de sus cultivadores, el cante de toda Andalucía. Sevilla se define y contrasta por esa inapreciable subdivisión de géneros y clases, por ese inacabable aquilatar de estilos, que en nuestra ciudad buscan su consagración.

La ciudad acoge todas esas explosiones sentimentales de la región, las vierte al sevillanismo y las cultiva cuidadosamente. Mucho se ha denigrado a sus cultivadores, a esos tipos estrafalarios que, sacerdotalmente, ejercitan el cante flamenco; a esos cantadores, plenamente feos y ridículos, que han sido paseados en vergüenza por todo el universo; pero si algo merece ese tipo único, es la admiración y el respeto de Andalucía entera, porque él ha sabido conservarnos íntegramente el verdadero sentido de nuestro cante popular. En cambio, triunfan en toda España otros intérpretes del flamenco —los cupleteros— que, en pocos años, han conseguido desprestigiar y prostituir las canciones populares de Andalucía en cancioncillas deleznablemente llevadas al pentagrama. Eso pasará —tal vez ya haya pasado— y nuestro cante hondo subsistirá, tal y como lo interpretaron nuestros cantaores feos y bárbaros, víctimas propiciatorias de los saineteros y los genios.

El cante hondo, se siente o no; se exalta o se vitupera, pero no se discute; desconfiad siempre de los que solo se muestran partidarios de una modalidad de cante flamenco, con exclusión de las demás; de los que lo admiten solamente como elemento de atracción para la mujer andaluza, y de los que aplauden en los salones de varietés. Son insinceros. En el cante, como en toda religión, hay que tener fe; la fe ciega de los creyentes inmutables, cerrados incluso a la razón.

¿Cómo se siente el cante hondo en Sevilla? Examinad al sevillano; no existen en ninguna parte tantos prejuicios reunidos como en este ente, representativo de nuestro pueblo bajo. La superstición, el atavismo, la religión, la tragedia, son raíces de su vida; todo ello, brutalmente ignorado, le amarra y le conduce. El fatalismo árabe y el misticismo cristiano subsisten apegados a las almas, y de la degeneración de esas dos atracciones potentísimas, se engendran las preocupaciones presentes, lo que hay de trascendental en nuestro ser, lo que sube a la superficie en las grandes conmociones del espíritu. Pero otras influencias, otros requerimientos más actuales, forman el carácter de nuestros hombres, que, sin dejarse, dominar por ninguna atracción, saben reír y divagar, con *aire de formales*, en torno a todas las concreciones del espíritu; no se queman las almas sevillanas en las grandes fogatas universales, aunque, a veces, lleguen a templarse en su rescoldo.

El sevillano oculta siempre, un poco avergonzado, su primitivismo emocional, y, con su criticismo congénito, desintegra, a cintarazos de ingenio, cuantas complicaciones espirituales le vienen de fuera. Tal, su posición de espíritu, que tan acerbas censuras le ha valido. Indiferente, burlón, un poco ignorante, escéptico, amorosamente escéptico, va desliando su vida de trabajo y diversión, que algunos estiman pintoresca nada más, hasta que encuentra algo capaz de hacer sonar el diapasón de su alma. Ese algo es el cante hondo. ¡Desgraciados los que no saben sentirlo y han de vivir en esta tierra!

En sus notas desgarradas, como en sus letras incoherentes, existe un enorme poder sugeridor; son la expresión de todo lo que, por lo inexplicado, rehuimos y escondemos pudorosamente. El cante hondo es la hondura de nuestro pueblo. Por su profundidad, diríamos que es el fracaso, la contrafigura del sevillanismo, tal como generalmente ha sido expresado, si no supiéramos que el sevillanismo es algo más serio de como lo hace aparecer una visión parcial, extraordinariamente divulgada. De cómo se siente el cante, saben nuestros cantaores de reunión, nuestros flamencos aburridos, nuestras mujeres y las almas fuertes y honradas. Hay que ser absolutamente honrado para sentirlo, sin excluir la honradez que podía caber al ciudadano que, al salir del presidio, cantaba: «Adiós Alcalá de Henares, / sepultura de hombres vivos, / donde se acaban los guapos/ y se aprecian a los amigos».

Preguntad a quienes sientan el cante; el descuaje, os dirán, y no dirán mal; el descuaje, el arrancamiento de las raíces de la vida andaluza, removidas por esos alaridos de los hombres feos, que tuercen la boca para volcar su tragedia, siempre contenida, enterrada siempre, entre flores de ingenio, en una enorme dehesa de ignorancia.

La ciudad

LA FIESTA DE LA CRUZ

La fiesta de la Cruz ha perdurado. Por una extraña y oculta razón, de lo típicamente sevillano, solo se ha salvado, hasta ahora, aquellas manifestaciones populares ligadas íntimamente con la religión, o francamente litúrgicas. Así, las cofradías, y así la Cruz de Mayo.

En los corrales —los palacios vencidos— que fueron abandonados por la aristocracia y ocupados gozosamente por la plebe, que les dio vida nueva, celebra el pueblo la fiesta de la Cruz.

Todas las noches de fiesta del mes de mayo, en el patio del corral, fantásticamente engalanado, se reúnen las mocitas de los barrios; tras ellas acuden los galanes flamencos, pintureros. Hay unas guitarras o un piano de manubrio, y las musiquillas suenan incansables mientras los cuerpos ondulantes se regodean y complacen en el baile. La Cruz, en tanto, encaramada en los improvisados altares y cubierta con las primorosas colchas trocadas en doseles, preside el festín, complacida, olvidada y sublime. El portentoso símbolo acaso haya perdido la razón de su simbolismo, y, desde luego, las fiestas que ante su altar se hacen no son las fiestas del Triunfo de la Cruz; pero esas aspas mudas, inexplicables, De las fiestas de mayo son el símbolo inevitable de ese pueblo, que aún para sus bailes y cortejos siente la imperiosa necesidad de algo mítico y simbólico.

El corral del Jardincillo celebra también la fiesta de la Cruz. Todas las vecinas han prestado las primorosas cortinas y las colchas de desposada. Unos mozos de rumbo costearon la instalación, los chiquillos robaron flores y follaje en los jardines, y las muchachas hicieron con papel y engrudo grandes montones de cadeneta. Una vecina, santurrona y pudiente, prestó una hermosa cruz, con peana del siglo XVI, y el casero, hombre de sólidos conceptos, de estética sevillana, aderezó y compuso el viejo patio del corral, sacando de aquí de allá sus elementos decorativos.

La alegría de la Cruz de Mayo, como la de todas las fiestas populares de Andalucía, es imponderable. Dijérase una exuberancia sobrenatural, un desbordamiento, una fecunda riada, hermana de las del Guadalquivir y del Nilo. Es tal el tesoro de estas almas en tensión, que a pesar de la miseria y de la fatalidad, pueden derramar su oro a manos llenas. Esta alegría, que es plenitud y exuberancia, alza sus espumas sobre el turbión de las pasiones, es el penacho que hace que el pie descalzo pase inadvertido aun para el mismo que lo sufre, y al mismo tiempo, es el fiel contraste de toda afirmación de vida y poderío. No se consigue este intenso placer del alma, que es la alegría sevillana, más que cuando el dolor ha sido, no extinguido, sino purificado, embellecido, hecho armonía onda y estable por estas almas capaces. El dolor armonioso, el incomprensible equilibrio de las almas, es el que da esa alegría sublime.

La gente va a ir entusiasmada. Por fuera, no hay más que una musiquilla fácil, unas parejas gozosas en el contacto un poco grosero, un ambiente arbitrario y artificioso creado por la imaginación de un pobre diablo, que no sabe nada de nada, unos motivos fuertemente típicos, y la cruz, incomprendida, como un absurdo símbolo. Por dentro hay algo que es como una emanación, como una florescencia de la tierra misma, como un rayo de sol, algo arrancado violentamente a la naturaleza y hecho pensamiento y sentido en una metamorfosis divina.

Cuatro muchachas forman en el centro del patio para bailar las sevillanas; un hombre, tristemente conmovido rasguea en la guitarra, y otro hombre, dolorosísimamente feo, lanza el primer verso de la copla, claro, fuerte, rápido, como una saeta:

«el clavel que me diste
lo tiré al pozo».

Las castañuelas chocan levantadas en lo alto por los brazos rígidos las bailarinas, y después se esconden desgranando sus repiques cuando los brazos arqueados trazan el viaje de los torsos e inician las audaces y galanas piruetas. En la guitarra, las notas corren vertiginosas, precipitándose las unas tras las otras, el cantador se exalta con su propio cante, y a las bailarinas el alma se le sube a los ojos para bailar también.

Están bailando Reyes, la flequera; Carmen la mocita avispada, mujercita en capullo, buena y revoltosa; Dolores, una hermosa mujer que de día en día se arruina entre el amor de un pobre jornalero y el egoísmo de unos mamoncillos; Y Rosa, la comprometida. Estas cuatro mujeres, que llamaríamos los cuatro puntos cardinales de la feminidad sevillana, poseen opuestas concepciones de lo divino y lo humano, devanan su vida de muy distintos modos, y tienen, sin embargo, una misma gracia, una misma alegría.

Desde un rincón del patio, un poco al margen, Juan Miguel atisba a Reyes complacido. Más oculto aún y más al margen, Progreso cela a la bailarina y no pierde de vista al arquitecto. De una manera fatal se repite la absurda trage-dia de la pasión amorosa, y siempre que la gracia parece triunfante, hay en redor el acosar y combatir de los celos bárba-ros y primitivos. Hace cincuenta años, en este momento se hubiese armado un roque de mil diablos; un mozo cabal hubiese dado el famoso candilazo, y una vez en tinieblas, estos bravos muchachos del pueblo, celosos guardadores de sus hembras, hubiesen molido estacazos a los galanes petimetres. El alumbrado eléctrico y la Guardia Civil han quitado sus fueros a los menestrales enamora-dos. Esto, que bien pudiera ser una de las causas remotas de la cuestión social, hace que el alma torpe y conturbada de Progreso se sienta anegada por el dolor.

Entonces, cuando ese dolor sube a los labios, rasguea un poco la guitarra, y Progreso lanza su copla incoherente, descoyuntada.

La ciudad

EL CANTE HONDO, SERIO
Y TRASCENDENTE

El cante hondo es una de las pocas cosas serias que quedan en España. Hace un siglo las canciones populares de Andalucía que empezaba a languidecer con el progresivo acabamiento espiritual de la sociedad española, *ahondaron* en el alma popular, buscaron refugio en la subconsciencia de las gentes cultas que quedaban fuera del menguado recinto espiritual de nuestra moderna ciudadanía, y esa *hondura*, ese cauce soterrado de su alto valor artístico y emocional, es la razón de que sea *jondo* el cante popular de Andalucía. Este cante es, sin embargo, el mismo que Estébanez Calderón degustaba intelectualmente, cuando la guitarra frecuentaba aún la sala de estrado de la casa andaluza, y andaba en mano de lechuguinos y damiselas.

En unos años de estupidez, las canciones populares de Andalucía fueron proscritas y su culto relegado a las clases más rezagadas y humildes, que tuvieron a orgullo el ser depositarias de esta tradición artística e hicieron, con un indesechable afán artístico, una verdadera religión del cante, con su complicada liturgia, sus misterios insondables y su sacerdocio, que guardaba como oro en paño a través de las generaciones la esencia de las canciones populares, hasta el punto de que hoy mismo sea posible hallar en ellas adorables supervivencias que los técnicos llegan a enlazar con los primitivos cantos litúrgicos. Esta ha sido la obra de unas docenas de cantadores feos e inactuales, que durante un largo periodo de miopía espiritual han sido el hazmerreír de la gente de Cultura.

Después de este calvario, del que ha salido el cante hondo milagrosamente indemne, el Ayuntamiento de Granada, asesorado por músicos, críticos y cantantes tan eminentes como Manuel de Falla, Bartolomé Pérez Casas, Conrado del Campo, Lamote de Grignon, Miguel Salvador, Aga Lahovska, Federico Mompou, Roberto Gerhard, Enrique Fernández Arbós, Pura Lago, Joaquín Turina, Óscar Esplá, Felipe Pedrell, Adolfo Salazar y otros, ha intentado la resurrección del cante hondo, y ha dado el primer paso para ello, organizando un concurso regional que ha subvencionado con doce mil pesetas.

Al solo anuncio de este concurso, unos cuantos camellos se han escandalizado. Primero, los que no conocen el cante hondo más que a través de las ramplonería saineteril; después, los que esgrimen contra toda innovación el cuadro topical de las viejas necesidades nacionales, eternamente desatendidas: la enseñanza, el alcantarillado, las obras públicas… (Ocurre, que al mismo tiempo que el cante hondo, arrojado a la gente rahez, llega a nuestras manos en toda su integridad y pureza artística, se desmorona la Alhambra, sometida a la custodia de un estado que invierte miles y miles de pesetas en la «no conservación» de los monumentos nacionales.)

La única objeción atendible que se ha formulado contra este concurso de cante hondo es la referente a que esta resurrección de las canciones populares de Andalucía no tenga todo el alcance que debiera tener. Hay, en efecto, un enorme peligro para la conservación del cante hondo en el hecho de que pueda caer en la vulgaridad y la ramplonería, al hacerse ahora *ciudadano*, al civilizarse, al ponerse en contacto con esta pobre ciudadanía de nuestra época. Preferimos que siga soterrado, discurriendo por el subsuelo de la espiritualidad andaluza. Recientemente los cupleteros han pretendido dar una nueva interpretación del cante hondo con sus cancioncillas torpemente llevadas al pentagrama, y el resultado no ha podido ser más desastroso.

No nos maravillemos pues ante la trascendencia y alta significación que un grupo de intelectuales quiere dar al cante hondo. En el desgarrón de sus notas, como la incoherencia de sus letras, existe un enorme poder sugeridor: es el cante hondo la expresión de todo lo que por inexplicado rehúye y esconde puderosamente la maravillosa espiritualidad andaluza, tan bárbaramente ignorada.

Heraldo de Madrid,
1 de abril de 1922

LA SAETA

Con ser tan honda la raigambre espiritual que en el pueblo sevillano tiene la Semana Santa, a veces parece que toda ella no es más que un pretexto frívolo para que la gente se divierta. Se ha olvidado casi por completo la tragedia del Gólgota, el fondo religioso ha desaparecido, y nos queda tan solo la liturgia, el rito decorativo y festero. Las procesiones no son más que festejos populares; Los penitentes unas graciosas máscaras que reparten caramelos entre las mocitas.

Se viste de penitente a los niños chiquitines que apenas han aprendido a andar, y se los admira bajo las túnicas de colores radiantes como graciosas bomboneras; Las hermandades tienen más o menos adeptos, según son de vistosos los capirotes y las túnicas, según están de rizadas las colas y de charolados los zapatos. La mejor imagen es la que lleva colgados más diamantes.

Esto es todo lo que se ve a simple vista en la Semana Santa sevillana: vistoso indumentos, charangas, ornamentación fastuosa, buenas mujeres y mejores mantillas, chucherías, tambores...

Pero contrariando este abigarrado panorama, hiende el aire la recia humanidad de una saeta. Desaparece el cromo, y el alma sevillana se abre en una inmensa flor de misticismo.

Heraldo de Madrid,
14 de abril de 1922

MARTÍNEZ, CONTORSIONISTA, AL CIRCO

Todos no eran así. Había muchos burgueses achantados en nuestro sindicato
que no esperaban más que la ocasión
de conspirar contra los sóviets, y pronto
los comisarios se dispusieron a lim-
piar aquello de contrarrevolucionarios.
Triunfaba entonces en el circo, gracias
a su influencia sobre algunos directivos bolcheviques, una famosa cantante,
María Alexandrovna Lianskaia, a la
que yo había conocido bajo el zarismo
liada con príncipes y oficiales. Para ella
no había cambiado nada. Los bolcheviques eran lo mismo que los burgue-

ses: unos idiotas que se enamoraban de ella, y por satisfacer sus caprichos cometían las mayores arbitrariedades. Fue la Lianskaia, engatusando a los directivos, la que metió más burgueses en el sindicato.

La cosa llegó a tal extremo, que la Checa decretó una depuración de los artistas. Nos mandaron al sindicato una comisión depuradora, formada por bolcheviques incorruptibles, con la misión de decretar, de manera innata la inapelable con quiénes eran artistas y quiénes no.

Yo quise aprovechar la oportunidad para reivindicar mi condición de artista de varietés, con la esperanza de obtener mejor categoría, pero no me valió. La comisión depuradora se constituía en el circo, y ante ella íbamos desfilando todos los sindicatos, y con la obligación de hacer nuestro número ante los comisarios, para que estos fijasen la puntuación que correspondía a cada uno. Cuando me tocó el turno intenté salir a bailar el tango argentino con Sole. Iba ella con un elegante vestido de *soiré* y yo con un frac.

—¡Fuera, fuera! —gritó el presidente de la comisión depuradora apenas nos vio—. En la Rusia soviética no hay fracs ni bailes de salón. Si no sabes hacer otra cosa ya puedes ir a coger un pico.

—Atiende, camarada —le dije desesperado—, mi verdadero arte no es este, sino el flamenco.

—¿El flamenco? ¿Qué es el flamenco?

—El flamenco es un arte exótico, que tiene un valor universal. No es un arte de burgueses, sino del pueblo, el arte más popular del mundo.

Me miró con desconfianza y gruñó:

—Bueno; haz lo que sepas, pero sin frac.

Me quité el frac, me endosé la chupa, y acompañándome solo con el castañeo de los dedos me marqué delante de aquel tribunal de bolcheviques una farruca que estuvo muy bordada.

Se quedaron muy sorprendidos y sin saber a qué atenerse. El camarada presidente de la comisión depuradora se cogió la gorra de un puñado, y restregándosela con la pelambrera, sentenció un poco amoscado:

—No está mal.

Y se volvió hacia el secretario del tribunal diciendo:

—Martínez, contorsionista. Al circo.

Aquel bárbaro me había tomado por el hombre serpiente.

El maestro Juan Martínez que estaba allí

LOS FLAMENCOS EN PARÍS MONTMARTRE, SEDE DE LA FLAMENQUERÍA

El maestro Juan Martínez

¿Quiere usted admirar el baile flamenco? ¿Le gusta un bolero bailado con
estilo? ¿Le interesan las danzas populares de Andalucía? ¿La farruca? ¿El garro-
tín? ¿Quiere usted ver cómo el baile flamenco clásico se estiliza y depura? Pues
vaya usted a París.

—¿A París para ver el baile flamenco?

—Sí, señor; a París. No busque
usted buenos bailarines flamencos en
España. Salvo en algún rincón castizo
de Barcelona, no encontrará usted en
toda la Península la ocasión de admirar
unos *panaderos* bien bailados. Hay que ir
a Montmatre y buscar al maestro Juan

Martínez, el depositario de la buena tradición del baile flamenco, el único que todavía hoy baila como mandan los cánones; o a Vicente Escudero, el vanguardista revolucionario del flamenco; o a doña Antonio Mercé, la Argentinita; o a Miralles, o la Teresina, o a Joselito...

El baile flamenco se ha acabado en España. Lo desdeñábamos, lo poníamos en ridículo y emigró. Se ha ido. ¿A que no recuerda usted haber visto bailar flamenco en ningún sitio desde hace un año? En cambio, en París yo he visto el triunfo clamoroso de un *bolero español* en una *soirée* memorable en la que se exhibían, desde las danzas clásicas de los discípulos de Diáguilev a los pasos litúrgicos de los japoneses y los bailes populares nórdicos de la Balashova.

El maestro Juan Martínez, bailarín flamenco, hijo de bailarín flamenco, que ha recorrido el mundo entero ofreciendo la maravilla de su arte, me dice en este rinconcito de la Place Pigalle, donde los *flamencos de París* han fijado su sede:

—En España se ha perdido el gusto por el baile flamenco clásico. Hay todavía quien sabe bailar, pero tiene que olvidarlo porque del baile nadie puede vivir allí. Yo he visto con pena, cómo al flamenco le meten pasos de baile ruso y cómo lo descoyuntan convirtiéndolo en un ejercicio, sin gracia, de contorsionistas o gimnastas. Al público no le gusta más sino que el bailarín se tire al suelo y dé grandes porrazos. ¡Cuándo se ha visto eso en el flamenco, Señor!

»En todo el mundo no había como el nuestro —sigue diciéndome el maestro Juan Martínez—; yo he tenido en mi academia a los bailarines más famosos que han venido a aprender los pasos del flamenco; bailarinas rusas, bailarinas de puntas; todas han venido a caer en lo nuestro, sorprendidas y maravilladas. Últimamente vino a verme una muchachita americana que, según me dijo, quería aprender flamenco por afición. Desde el primer momento me di cuenta de que se trataba de una bailarina profesional, y terminó confesándome que, efectivamente, tenía una academia de baile en Norteamérica, y que había venido a París para aprender nuestro arte y enseñarlo después a sus discípulas.

»Son unos cuantos artistas, amantes verdaderos de su arte, los que desde el extranjero conservan la tradición del buen baile. En París hay siempre una sala en la que puede admirarse un buen número de baile español. Esto, sin contar las *soirées* privadas, lo que pudiéramos llamar *flamenco di camera*, ni las atracciones españolas de los *cabarets* y los *music—halls*. A pocos pasos de aquí tenemos, en el corazón de Montmartre, el Cabaret Sevilla, donde triunfan la Joselito con su farruca y Montoya con su guitarra.

Pero, sobre todo, en París está el centro de contratación de artistas para el mundo entero, y nuestros bailarines flamencos salen desde aquí para Egipto, los Balcanes o América. En todas partes el flamenco sorprende y entusiasma. En todas partes, menos en España...

Y el maestro Juan Martínez considera el destierro de los flamencos con la misma tristeza que todos los desterrados.

El virtuoso del flamenco, Vicente Escudero —este vanguardista rabioso, este flamenco, pasado por Picasso, que sale a bailar estilizaciones rítmicas de Falla con unas castañuelas de hierro—, viene y me dice:

—¿Cree usted que España está preparada para unas exhibiciones de flamenco?

—Hombre, la verdad, no sé. Su flamenco de usted es una cosa ya tan europea, tan quintaesencia, que a lo mejor los flamencos de allí no lo entienden.

—Yo quiero ir a España, pero tengo miedo. Ahora mismo vengo de hacer una tournée por Turquía, Rumanía, Bulgaria, Egipto, Grecia, etcétera. En todas partes mi arte ha sido admirado y respetado. ¿Lo estimarán igualmente en España? ¡Hay por allá abajo tan poca estimación por el buen baile!

—Realmente —tengo que decirle—, en España, los bailarines de flamenco tienen en este tiempo poco éxito; pero lo de usted, a pesar de ser netamente flamenco, acaso lo reciban ahora como cosa nueva, y a través de sus estilizaciones lo acepten y les entusiasme pensando que es un exotismo. Vaya usted a bailar en España. Yo no me atrevo a profetizarle nada, pero creo que debía usted de ir…

—No sé, no sé. ¡Tengo tanto miedo a no gustar en España!

Me he quedado un poco perplejo. La verdad; lo esperaba todo menos esto de que se pueda bailar flamenco en todo el mundo menos en España.

He ido esta tarde a la clase de baile flamenco del maestro Juan Martínez, en el corazón de Montmartre. Muchas alumnas; francesas y españolas. Nada de baile clásico, ni de puntas, ni de sociedad; flamenco puro.

El maestro me presenta a algunas de sus discípulas francesas.

—Ésta, Suzanne —me dice—, parisién castiza, baila mejor que muchas que han nacido en la Cava. Aquella otra es una señorita de la buena sociedad francesa que baila flamenco por afición. El éxito del flamenco en los salones es cada día mayor y, como ésta, hay muchas damitas francesas que sueñan con el éxito de una farruca bien bailada en el círculo de sus amistades.

»No se sospecha siquiera en Espala lo que es nuestro baile. No hay más que repasar mentalmente las diversas clases de danza que existen desde que el mundo es mundo. Entre las cuatro o cinco maneras de bailar que la humanidad ha tenido, cuenta como cosa fundamental el flamenco. No hay nada igual. Y, créame usted, muchos bailarines clásicos, de esos que resucitan movimientos y actitudes de la Antigüedad, quisieran tener en la masa de la sangre el brío, el impulso vital que hace falta para acometer un *bolero*.

Claro es que el maestro Juan Martínez no dice estas mismas palabras. Él habla a su modo, con sus imágenes castizas plagadas de galicismos; pero a lo largo de su charla internacional, que pondría los nervios de punta a un académico, yo sé que quiero decir eso; y lo traduzco así.

—Vienen también —agrega— algunas artistas españolas, que se presentan en París a triunfar, a las que se les ha olvidado al salir de España lo más importante: aprender a bailar flamenco a conciencia. Cuando ya están aquí es cuando sienten, o se les hace sentir, esa necesidad, y entonces vienen a que yo les ponga unos cuantos bailes castizos. Pero esto no lo diga usted.

Debo decirlo, maestro Martínez. Hay que decir que es en París donde se enseña y se aprende a bailar flamenco; donde el artista flamenco puede ganar su pan, con más o menos dificultades, pero con la posibilidad de subsistir, y donde hasta pueden emprenderse grandes aventuras de arte puro, como las de Antonia Mercé y Vicente Escudero, a las que el público responde con tanto entusiasmo y generosidad.

París
Estampa nº 114, 18 de marzo de 1930

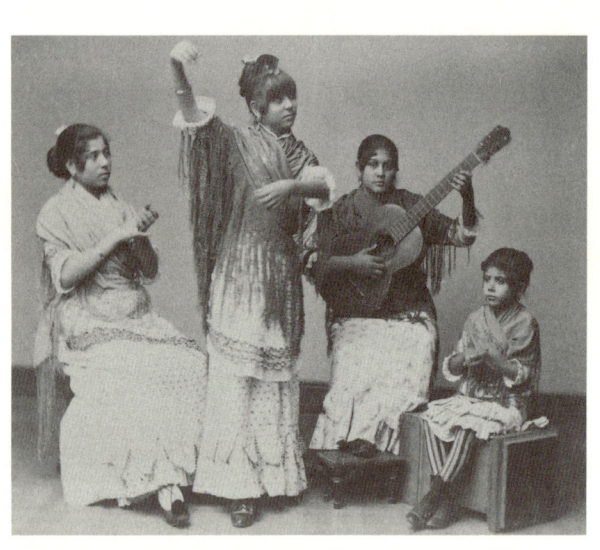

HISTORIAS DE LA
REPÚBLICA

Al caer la tarde se llega a la finca, donde hay que pernoctar. Es ésta el caserío enjalbegado de un cortijo que se levanta al borde del camino, formando con los muros de sus amplias cuadras, sus gañanías y tinados, una vasta plazoleta, en la que acampan los romeros, dándole momentáneamente el aire de un vivac medieval. Colócase en el sitio de honor la carreta del simpecado, se alinean buscando la sombra de las tapias las demás carretas, desúcense los bueyes, desensíllanse los caballos, y todo el pueblo romero se ajetrea preparándose para pasar la noche. De la bolsa de las carretas salen las trébedes y los anafes en que se ha de preparar el condumio, cada familia o rancho enciende su fogata; acomódanse bajo los toldos de las carretas las mantas y almohadas donde han de dormir las mujeres, y mientras la luna llena se levanta sobre la vertiente de un tejaroz empieza a bordonear gravemente una guitarra en un rincón de la plazoleta.

Hasta la luna llena
se está asomando
para ver los jinetes
que van pasando.
Luna, lunera,
ilumina la cara
de mi morena.

Tonadas de fragua, bulerías y fandanguillos se alzan desde el rincón de las sombras, queriendo ganar el cielo, en el que todavía hay luz. Reniegan las comadres, azacaneando alrededor de las fogatas. Van y vienen en grupo las mocitas pidiendo guerra. Un flamenco viejo, ahíto de sol y de vino, intenta arrancar a su dura garganta una *siguiriya*. No le sale. La canta, al fin, un chavalillo con una voz tan tierna y entrañable que un escalofrío sacude a todos los romeros.

A medida que avanza la noche alúmbranse los candiles de luz amarillenta y surge a raudales la claridad espectral de los mecheros de carburo. Las muchachas, aburridas de que no les hagan todo el caso que ellas quisieran, se ponen a bailar sevillanas con el designio de ahogar en palmoteos y meneítos la melancolía que sobre el campamento van destilando las *soleares* y *siguiriyas* de los flamencos bueno.

Correr vinillo por las gargantas, híncaseles el diente a las piernas de cordero mechadas, renace con el comer y el beber el bullicio y, durante un par de horas, el vivac de los romeros arde en baileteos coplas, y burlas, vayas, desplantes y requiebros, toda esa complicada estrategia que para andar por la vida usa el andaluz. Alguna vez ha habido un momento difícil; dos hombres se han encarado fieramente por un mal modo o por un ramalazo de celos. No pasa nada. «¡Viva la Blanca Paloma!», grita oportuno un compadre, y los que, por el ademán, parecía que iban a despedazarse se estrechan las manos en señal de amistad.

Poco a poco va languideciendo la fiesta. El vino y el sueño pueden con ella. Cada cual busca un rincón donde acurrucarse. Las muchachas se echan vestidas sobre las colchonetas al cobijo de los toldos. Los caballistas arrebujados en sus mantas, duermen sobre el santo suelo, descansando la cabeza sobre la montura. Apáganse las luminarias de acetileno y quedan sólo los rubíes del rescoldo en las fogatas. La luna baja entonces al corralón para recortar con su luz la faz lívida del que se ha dormido cara al cielo. Todavía hay en un rincón unas sombras móviles, y de ellas, mana, lenta y tenue, una *siguiriya*.

A caballo la aurora
viene corriendo.
Luceros de la noche
se van *juyendo*.

Viene la aurora
en un caballo negro
de blanca cola.

Ahora, 9 de junio de 1936

¿ES INDECENTE EL PANTALÓN FLAMENCO?

Nos salió un buen contrato para trabajar en el *Intimes Theatre* de Kiev y allá nos fuimos desde Odesa. Hicimos el viaje sin novedad. Efectivamente, la guerra no se notaba mucho en Rusia. Nuestro trabajo gustó al público de Kiev y tuve la suerte de que como se estuviese por aquellos días organizando una *soirée* aristocrática, patrocinada por la emperatriz María Fiódorovna, a beneficio de los heridos de la guerra y de los hospitales de la Cruz roja, me escogieron entre todos los artistas que había en Kievre para que hiciese una exhibición de danzas españolas. La fiesta se celebraba en el palacio de la emperatriz, y asistió toda la aristocracia.Fue una fiesta maravillosa. Nuestras danzas españolas fueron la gran atracción, pero minutos antes de empezar, cuando ya estábamos Sole y yo con nuestras castañuelas en las manos, esperando a que nos llamasen, se me acercó un alto funcionario con muchos galones, que, después de mirarme de arriba a abajo, por detrás y por delante, dijo torciendo el gesto:

—Usted no va a salir a bailar.

—¿Por qué no? —le pregunté desolado.

—Porque está usted indecente —me contesto-. No se puede bailar ante la corte del zar de Rusia con esos pantalones.

Y me señalaba inexorable el pantalón de alpaca entallado y abotinado que se usa para bailar flamenco. No hubo excusa ni pretexto. Quieras que no, tuve que quitarme deprisa y corriendo el pantaloncillo entallado y salir a bailar flamenco con un pantalón de frac. ¡Quién ha visto bailar el bolero con fondillos en los pantalones, señor

UN FLAMENCO, ¿ES UN PROLETARIO?

El viaje a Kiev fue terrible, porque el tren soviético iba lleno de militares, es decir, campesinos a los que días antes les habían dado un fusil y la autorización para asesinar a sus padres que se les pusiesen por delante, y aquella gente nos trató a baquetazos. Además, tanto los *clowns*, que nos acompañaban, como yo teníamos un aire inconfundible de burgueses con nuestros cuellos almidonados y nuestros hongos ingleses, cosa que nos convertía en el blanco de las iras de aquellas patuleas de desarrapados que iban en el tren o llenaban las estaciones del tránsito. En las paradas del convoy bajábamos a los andenes, según es costumbre tradicional en Rusia, para llenar nuestros *chainik* —la tetera— con el agua hirviente del *kipiatok*, que hay derecho a utilizar para ir haciendo el té en el departamento durante el viaje. En todas las estaciones el espectáculo era el mismo: manadas de tíos miserables que vociferaban y algún que otro judío enfundado en su largo abrigo negro dirigiendo aquella imponente batahona o presenciándola impasible. Aquella gentuza, en cuanto nos veía, empezaba a gritar contra nosotros desaforadamente. No parecía sino que éramos el espectro de la burguesía. En una estación estaba yo llenando de agua nuestra tetera, sin hacer caso de los gritos, cuando se me acercó un hastial, que de un manotazo me tiró el cacharro, y me dijo:

—¡Largo de aquí, cochino burgués!

—¡Largo, si no quieres que te arrastremos! — corearon diez o doce gandules que le seguían.

Me revolví furioso al verme atropellado tan injustamente.

—Pero ¿por qué?

—¡Porque eres un burgués asqueroso, y te vamos a colgar ahora mismo!

—Yo soy tan proletario como ustedes.

Me contestó una salva de carcajadas. Yo, realmente, con mi cuello almidonado y el gabancito corto que llevaba, debía de tener entre aquellos bárbaros, que lucían las ropas en jirones, un aire bastante ridículo.

—¡Yo soy tan proletario como ustedes o más! —grité exasperado.

—¡Mentira!

—¡Mentira!

—O demuestra ahora mismo que se gana la vida trabajando como un obrero o le arrastramos.

—¿Queréis que os pruebe que soy un proletario? —pregunté jactancioso.

—¡Como no lo pruebes no sales de nuestras uñas, canalla!

Hubo un momento de silencio. les miré a los ojos retándoles y les grité con rabia:

—¡Mirad, idiotas!

Y les mostraba, metiéndoselas por las narices, las palmas de mis manos deformadas por dos callos enormes, cuya contemplación causó un gran estupor a aquellas gentes.

Eran los callos que a todos los bailarines flamencos no salen en las manos de tocar las castañuelas.

Ellos me salvaron.